RECHERCHES

SUR LE

SÉJOUR DE MOLIÈRE

DANS L'OUEST DE LA FRANCE

EN 1648

PAR

BENJAMIN FILLON

— Es-tu allé en queste de nostre homme ?
— Il est entré au jeu de paulme des bourgeois ; je viens vous advertir de son arrivée
céans.

LE S' DE RICHEMONT ; *Thimanare*
en voyage, acte I", scène II.

FONTENAY-LE-COMTE

P. ROBUCHON, IMPRIMEUR-LIBRAIRE

GRANDE-RUE, 25-27

—

1871

A

MONSIEUR ÉDOUARD GUILHAUMON

Ancien sous-préfet de la Défense nationale

A FONTENAY-LE-COMTE

SOUVENIR AFFECTUEUX

Des recherches sur l'écriture de Molière m'ayant
amené à relire avec attention les écrits qui le concernent, particulièrement les études de MM. Taschereau (1), Eudore Soulié (2), Jal (3) et Brouchoud (4),
elles ont eu pour résultat de me démontrer que les
seuls autographes authentiques connus du plus grand
de nos poètes sont de simples signatures, apposées
au bas d'actes d'état civil ou notariés (5). Elles m'ont
aussi fait faire, grâce à la lecture des livres que je viens
d'énumérer, une découverte qui ne manque pas d'intérêt, comme on le verra tout à l'heure. Une foule d'é-
rudits de Paris et des départements ont, depuis plus

(1) *Histoire de la vie et des ouvrages de Molière;* troisième
édition. Paris, J. Hetzel, 1844, in-12.

(2) *Recherches sur Molière et sur sa famille.* Paris, L.
Hachette, 1863, in-8°.

(3) *Dictionnaire critique de biographie et d'histoire.* Paris,
H. Plon, 1867, in-8°.

(4) *Les Origines du théâtre de Lyon.* Lyon, Scheuring, 1865,
in-8°.

(5) Le placet au Roi, donné dans l'*Isographie,* s'il est de
Molière, ne saurait être qu'une copie du temps. Quant aux
deux lignes et à la signature, inscrites au bas du devis de la
maçonnerie de la salle des machines des Tuileries, elles sont
l'œuvre d'un faussaire inintelligent. Si jamais on retrouve un
autographe réel de Molière, l'écriture sera plus ferme, plus
nette, et aura un tout autre caractère que celle du ridicule pas-
tiche de la collection Chambry, dont le *fac-simile* se trouve
dans le n° du 1ᵉʳ janvier 1863 de l'*Amateur d'autographes* de
M. Chavaray, qui a été lui-même victime de cette supercherie.

d'un demi-siècle, recueilli, avec un zèle pieux, tout
ce qui est de nature à ajouter un fait nouveau, si mi-
nime qu'il soit, à la biographie de cet homme incom-
parable, l'une des gloires les plus pures de l'esprit
humain.—C'est à peine si le nom de Shakespeare a eu
le privilége de réunir, en Angleterre, un pareil con-
cours de sympathies actives autour de lui. — Les deux
documents, que je mets au jour, appartiennent à la ca-
tégorie de ceux que les *Moliéristes* recherchent avec le
plus de soin.

Avant de reproduire le texte de ces documents, il
n'est pas inutile de dire quelques mots des dix premières
années de la carrière théâtrale de Molière. Tout s'en-
chaîne dans cette noble et douloureuse existence. Tel
détail, insignifiant lorsqu'il apparaît isolé, devient ca-
pital rapproché d'un autre.

Depuis la publication du beau travail de M. Soulié,
les débuts de Molière, comme comédien, ne sont plus
entourés d'obscurité. L'acte du 3 novembre 1643, décou-
vert à Rouen (1), par lequel les acteurs de l'*Illustre
Théâtre* chargent un mandataire de presser les travaux
du jeu de paume des Metayer, pour leur permettre d'y
donner des représentations, aussitôt après leur retour
de cette ville à Paris, ne fait que confirmer l'exactitude
des renseignements déjà fournis par le savant Conser-
vateur du Musée de Versailles. Les motifs réels du départ de Molière pour la province, en 1646, et la date
précise de ce départ, sont moins exactement connus.
Ce double mystère n'est pourtant pas impénétrable.

Il est bon de remarquer en effet que le moment, où la
plupart des comédiens de l'*Illustre Théâtre* quittèrent

(1) *Revue de la Normandie,* d'avril 1870, art. de M. Gosselin.

Paris, suivit de très près l'arrivée des acteurs italiens, appelés par Mazarin, maître désormais des destinées du royaume, auquel il cherchait à insinuer ses opinions et ses goûts, afin de le diriger plus à l'aise. Dès le 14 décembre 1645, ces artistes ultramontains jouèrent la *Folle supposée* de Jules Strozzi, dans la salle du Petit-Bourbon, avec décorations de Torelli et ballets de Balbi. L'engouement de la Cour et de la ville pour ces divertissements, nouveaux pour elles, fut extrême. Les autres théâtres devinrent bientôt déserts.

Ils tentèrent de lutter d'abord contre une concurrence ruineuse, surtout pour des gens aussi rudement éprouvés que Molière et ses camarades; mais ce fut en vain. Le public se détournait d'eux de plus en plus. Que faire en présence d'une situation désespérée, qu'aggravait encore l'état de malaise dans lequel on se trouvait aux approches de la Fronde? Le directeur d'une troupe jouissant de quelque renom, Charles Dufresne, arriva sans doute au moment critique à Paris, pour chercher des associés (1). — On devait être alors aux approches de Pâques, époque ordinaire de ces racolements annuels. — Faute de mieux, Molière et ses fidèles se joignirent à lui, et n'eurent pas lieu de trop s'en plaindre, puisque l'association dura longtemps.

Ainsi durent se passer les choses; car il est inadmissible que l'*Illustre Théâtre* ait tenté l'aventure avec ses propres forces. Il eût fallu pour cela se procurer un matériel spécial, qui eût nécessité une mise de fonds,

(1) En 1646, Pâques tomba le 1ᵉʳ avril. Deux traités d'associations annuelles entre comédiens, édités par M. Soulié dans ses *Recherches sur Molière*, pp. 210, 211, montrent que c'est en effet vers Pâques que ces traités se passaient. Tous les deux sont du 5 avril 1664, année où Pâques fut le 13 de ce mois.

nullement en rapport avec les ressources de la Compagnie. Il ne reste désormais qu'à retrouver la plupart des nombreuses stations que fit la troupe de Dufresne, ainsi composée, en une foule de lieux, et à constater les modifications qu'elle éprouva dans son personnel, durant les douze années, qui séparent avril 1646 de l'époque du retour de Molière à Paris.

La première mention qu'on ait d'elle, après son départ de la capitale, est du 19 avril 1648, et c'est à Nantes qu'elle se trouve. Les pièces publiées plus loin en font foi. Mais on ne sait absolument rien de ses courses antérieures. Peut-être, avant d'arriver là, avait-elle parcouru le Nord de la France, la Normandie, le Maine, la Touraine, l'Anjou, et les parties de la Bretagne autres que celle des bords de la Loire (1). Vint-elle à Fontenay-le-Comte, en sortant de Nantes, comme Dufresne en eut l'intention? Je n'ose l'affirmer. Toujours est-il qu'elle a dû diriger ses pas de ce côté, puis faire quelque séjour à Poitiers, Limoges, Angoulême, Bordeaux et Agen, en se rendant à Toulouse, où elle est le 16 mai 1649 (2). Des indices de plus d'une sorte semblent du moins l'indiquer. Le 10 janvier 1650, Dufresne et Molière sont ensemble à Narbonne. Au commencement d'avril 1651, — époque habituelle des enrôlements de comédiens, — Molière profite du semblant de pacification qui suit l'exil momentané de

(1) Dans sa *Notice sur des documents inédits concernant l'histoire de la ville de Nantes, extraits des archives de la Mairie* (* vol. de 1835 des *Annales de la Société académique*), M. Chapplain prétend que Dufresne serait venu à Nantes en 1647; mais les registres de l'Hôtel-de-Ville sont muets à cet égard.

(2) *Journal de Toulouse* du 6 mars 1864. — *Molière et sa troupe à Lyon*, par E. Soulié, p. 10.

Mazarin près de Cologne, pour aller à Paris (1). — Ensuite, nouvelle lacune d'environ deux ans, jusqu'en 1653. Le 19 février de cette année, Dufresne et lui ont gagné Lyon, et ils assistent, l'un et l'autre, à la signature du contrat de mariage de leur camarade Du Parc, qui a lieu dans cette ville.

A dater de ce moment, le jour se fait de plus en plus autour de la personne de Molière : l'homme de génie commence à se révéler. Grâce à lui, la troupe de Dufresne acquiert chaque année une réputation plus grande. Au bout d'un certain temps, il est le véritable directeur de sa Compagnie, et l'ancien se contente du rôle de simple sociétaire, qu'il conserve jusqu'au moment de sa retraite, prise le 13 avril 1659 (2). — Je ne suivrai donc pas Molière au-delà de Lyon, n'ayant aucun moyen d'ajouter à ce qu'ont déjà dit mes devanciers. C'est aux chercheurs du Midi qu'appartient le soin de noter sur la carte ses allées et venues ultérieures. Ma tâche actuelle se borne à mettre en lumière des documents inédits de l'année 1648, et à stimuler le zèle de mes confrères de l'Ouest pour des investigations nouvelles. D'avril 1646, à avril 1648, il y a une première lacune qu'ils aideront peut-être à combler, ainsi que celle qui s'étend de la fin de mai 1648, à mai 1649. Tout vient à point à qui a patience et flair. — Maintenant qu'on sait que le sort de Molière fut étroitement lié à celui de Charles Dufresne, à partir

(1) *Recherches sur Molière et sur sa famille,* par E. Soulié, p. 48. D'après l'acte cité, il se trouvait à Paris le 14 avril. Pâques tomba, cette année-là, le 9.

(2) C'est-à-dire à Pâques, époque où finissait son engagement. *Registre de La Grange, aux Archives de la Comédie-Française.*

de 1648, sinon deux ans plus tôt, il suffit de trouver quelque part la trace de l'un d'eux, pour être assuré que l'autre était présent.

Je recommande, en dernière analyse, aux *Moliéristes* deux séries de documents, dont ils ont, en général, fait assez peu usage. Ce sont, d'une part, les *Journaux de famille*, où sont consignés tant de petits faits locaux; de l'autre, les relations imprimées ou manuscrites de fêtes municipales. Souvent les comédiens, qui se trouvaient accidentellement sur les lieux, contribuaient à l'éclat de ces fêtes, et il se pourrait que Molière eût pris part, sur un point quelconque du territoire, à l'une d'elles, et eût fait, à cette occasion, quelque *impromptu,* dont il serait fait mention. La régence de Mazarin, quoique fort agitée, fut très propice à ces sortes de mises en scène (1).

(1) Le catalogue manusc. de la Bibliothèque de Denis de Sallo donne le titre d'un opuscule de ce genre : *Les festes, jeux, comédies, feux et autres réjouissances de jours et de nuits, qui se feront en la ville de Toulouze, à l'occasion de la liberté des Estats accordée par le Roy.* 1649.

Le plus mince écrit fournit parfois un renseignement utile. Il n'est pas jusqu'à la pièce de procédure, le plus souvent dédaignée des chercheurs, qui devienne, à l'occasion, un document historique ou biographique du plus haut prix. C'est ainsi qu'une requête de procureur, adressée au lieutenant particulier de Fontenay-le-Comte, le 9 juin 1648, révèle probablement l'une des stations de la tournée que Molière fit, cette année-là, dans l'Ouest de la France. Voici la teneur de cette pièce :

A Monsieur le Lieutenant,

Supplie humblement Pierre Robert, procureur au siége royal, pour Charles Dufresne, disant que le dix-neufviesme d'apvril dernier le dict Dufresne, estant en la ville de Nantes, il a pris à loyer de Louis Benesteau, maistre paulmier, le logis où tient le jeu de paulme de ceste ville de Fontenay-le-Comte, pour vingt-et-ung jours, qui commenceront courir le quinziesme de ce présent mois de juing, à rayson de sept livres tournoys par jour, y compris les dimanches et festes estant en iceluy temps, qui faict en tout la somme de cent quarante-sept livres, dont il s'est engagé, par escript passé entreux le dict jour, fournir bonne et suffisante caution en meubles, et a donné en présence de tesmoings arrhes audict Benesteau, qui les a accepté et repceu, et despuys refuze livrer le dict jeu de paulme au temps convenu, s'excusant de ce qu'il a esté engagé à Monsieur De la Roche-Thévenin l'espace de une sepmaine, à commencer le douziesme du dict mois de juing ; ce quoy est grandement à préjudice au dict Dufresne.

*Vous plaize, Monsieur le Lieutenant, veu l'escript passé
entre les parties cy-attaché, ordonner qu'il ait effect.*

P. ROBERT.

Soit fait ainsi qu'il est requis. Fait le 9 juin 1648.

J. ALLEAUME.

II

Jusqu'à ces jours derniers, le document qu'on vient
de lire semblait n'avoir d'autre intérêt que de constater
l'existence du jeu de paume de Fontenay-le-Comte, à
la date qu'il porte. Mais les recherches mentionnées
plus haut m'ont fait voir que le client, dont le procureur Robert s'est abstenu d'indiquer la profession,
n'est autre que le directeur de la troupe de comédiens
à laquelle appartenait alors le futur auteur du *Misan-
thrope*. La présence de Charles Dufresne à Nantes le 19
avril 1648, indiquée dans la requête au lieutenant
particulier, me permettait d'ailleurs d'avoir recours,
comme éléments de critique, aux documents que ren-
ferment les dépôts publics de l'ancienne capitale de
la Bretagne. Sur ma demande, M. S. de la Nicollière,
archiviste de l'Hôtel-de-Ville, a bien voulu compulser
les vieux registres de délibération du Corps municipal
et d'état civil, et m'a envoyé les extraits qui vont
suivre (1).

(1) Ces extraits ont déjà été publiés *in extenso*, ou analysés,
le plus souvent d'une manière fort inexacte, par MM. Chapplain (*Revue de l'Ouest*, 1829-30, et *Notice sur des documents
inédits concernant l'histoire de la ville de Nantes*); Meuret
(*Annales de Nantes*, t. II, p. 206); Guépin (*Essais historiques
sur les progrès de la ville de Nantes*, p. 89; *Histoire de
Nantes*, p. 317); Lescadieu et Laurent (*Histoire de la ville de*

« *Ce jour* (23 *avril* 1648), *est venu au Bureau le sieur Morlierre* (sic), *l'un des commédiens de la troupe du sieur Dufresne, qui a remonstré que le reste de ladite troupe doibt arriver ce jour en ceste ville, et a supplyé très humblement Messieurs leur permettre de monter sur le téatre pour y représenter leurs commédyes.*

» *Sur quoy, de l'advis commun du Bureau, a esté arresté que la troupe desdits commédiens tardera de monter sur le téatre jusques à dimanche prochain, auquel jour il sera advizé à ce que sera trouvé à propos d'estre faict.* »

(*Registre des délibérations de* 1645 *à* 1650, *fol.* 188, *v°*).

Dimanche xxvi° *d'avril.* — *Sur ce qui a esté représenté au Bureau que Monseigneur le mareschal de la Melleraye, nostre gouverneur, est detenu au lyt de malladye corporelle et danger de sa personne, de l'aduys commun du Bureau, a esté arresté que, tout présentement, il sera, de la part de la ville, envoyé par tous les couvents de ceste ville et faubourg, afin que les religieux et religieuses se mettent en prières pour la conservation de la personne de mondit Seigneur et le recouvrement de sa santé, et aussy que deffenses soient faictes aux commédiens de commencer à monter sur le téatre, jusques à ce qu'on aye nouvelles de sa convalescence.* » (*Id., fol.* 189, *v°.*)

« *Du dimanche,* xvii° *jour de may* 1649. — *Ce jour a esté mandé et faict entrer au Bureau Dufresne, commédien, auquel a esté par Messieurs desclaré qu'ils entendent prendre la pièce, qui doibt estre demain représentée, pour l'hospital de ceste ville, ainsy qu'il a esté pratiqué cy-devant aux autres*

Nantes, t. I°°, p. 297); Camille Mellinet (*Revue du Breton,* t. I°°, p. 96); Verger (*Archives curieuses de la ville de Nantes,* t. I°°, p. 257); l'auteur anonyme de l'article du *Magasin universel* du 28 août 1834, auquel M. Taschereau a emprunté l'un d'eux; le sceptique Louis de Kerjan (*Molière est-il venu à Nantes?* 1863, p. 11), et Moland, dans l'édition des *Œuvres de Molière,* publiée chez Garnier. Il importait néanmoins de les reproduire ici, afin de les rapprocher des documents nouvellement découverts, qui leur donnent un sens tout différent de celui qu'on a voulu parfois leur attribuer.

troupes de commédiens ; de quoy ledit Dufresne est demeuré d'accord, au moien de quoy a esté arresté qu'il sera mis ordre à ce que l'argent soit receu à la porte du jeu de paulme par personnes que l'on y commettra pour cest effet. »
(Id., fol. 194, r°.)

Le vœu émis par M. Eudore Soulié, dans son compte-rendu du livre de M. Brouchoud sur les origines du théâtre de Lyon (1), est donc en partie rempli, et ce n'est pas la légère altération qu'a fait subir au nom de Molière le scribe, chargé de rédiger la note inscrite au registre des délibérations de l'édilité nantaise, qui empêchera de le reconnaître dans le délégué de la troupe de Charles Dufresne, qui présenta, le 23 avril, la requête de ses confrères. Si la lecture du travail de M. Brouchoud, où est pressentie l'association des deux acteurs, à cette époque, laissait encore quelques doutes, les dernières incertitudes vont disparaître devant cet extrait des registres d'état civil de la paroisse Saint-Léonard de Nantes, relevé par M. de la Nicollière :

« Le lundi, dix huitiesme jour de may mil six cent quarante huit, a esté baptisée Isabelle, fille de noble homme Pierre Réveillor. et de Marie Bret, sa femme, de laquelle a esté parrain messire Louis Boin, seigneur de la Hénolière, conseiller du Roy et son président au parlement de Bretagne, et marraine dame Isabelle Poullain, femme d'escuyer, César de Renouard, sieur de Dronges, conseiller du Roy et maistre ordinaire de ses comptes en Bretagne, par moy soubsigné recteur.

« Signé : Louis Boin, Isabelle Poullain, L. Menardeau, Réveillon, Du Breil, D. Regnier, M. Béjart, Marie Hervé, Cresanville, Dufresne, Du Parc, Joygneau, François Seurrot (?), P. Ouary, *prebstre. »*

(1) *Molière et sa troupe à Lyon.* p. 20.

Ici plus de doute possible. Quoique Molière ne figure pas parmi les témoins du baptême, la plupart de ses camarades sont présents, entre autres Marie Hervé et sa fille Madeleine Béjart, les inséparables compagnes de la bonne ou de la mauvaise fortune du poète. — Quant à Du Breil, D. Regnier, Cresanville, et autres qui ont signé, ils étaient peut-être aussi eux des comédiens, sur lesquels on n'a pas encore recueilli de renseignements particuliers.

Cet acte d'état civil mentionne pour la première fois Du Parc, conjointement avec ses camarades de théâtre. Or, le nom réel de cet acteur était René Berthelot, et il était fils de Pierre Berthelot, bourgeois de Nantes (1). Je croirais dès lors assez volontiers que son entrée dans la troupe de Dufresne eut lieu entre le 23 avril et le 18 mai 1648. Ce fut l'une des meilleures recrues qu'elle eût pu faire, car le nouveau venu avait un talent original, que développa la pratique du théâtre. Son embonpoint naturel lui fit donner le surnom de Gros-René, conservé au rôle du *Dépit amoureux,* mis en relief par sa verve comique. Cinq ans plus tard, le 23 février 1653, Du Parc se mariait à Lyon avec Marquise-Thérèze de Gorla (2), qui eut l'honneur de compter le Grand Corneille et Racine parmi les admirateurs de sa beauté.

L'enfant baptisé à Saint-Léonard est précisément aussi l'un de ceux de ce Pierre Réveillon, l'associé de Dufresne depuis déjà bien des années, ainsi que l'a démontré M. Brouchoud (3).

Constatons en outre que le parrain et la marraine

(1) *Origines du théâtre de Lyon,* par C. Brouchoud, p. 56.
(2) *Les Origines du théâtre de Lyon,* par C. Brouchoud, p. 46.
(3) *Origines du théâtre de Lyon,* p. 49.

appartenaient à la haute magistrature bretonne ; ce qui indique que les comédiens de Dufresne jouissaient à Nantes d'une certaine considération. Lui-même y avait du reste de la famille, et il était, croit-on, oncle, et peut-être parrain, du peintre Charles Dufresne de Postel, né dans cette ville vers 1641 (1).

Le 24 mai suivant, arriva un certain Dominique Segalle *(Domenico San Gallo?)*, se disant vénitien, qui demanda au Corps de ville la permission de « jouer en chambre certains jeux de guitare, organiser marionnettes et représentation de machines, ainsi qu'il avait fait dans les autres villes (2). » La permission lui fut accordée, « à la charge de se comporter sagement et sans scandale ; » mais rien ne dit que sa présence ait influé sur la recette de la troupe de Dufresne, et l'ait obligé de quitter Nantes, comme on s'est plu à le répéter, sans la moindre preuve à l'appui de cette assertion. La date de l'arrivée de Segalle, postérieure d'un mois à celle des comédiens, n'a pas dû, au contraire, leur causer grand préjudice, l'époque de leur départ étant fixée à la fin

(1) *Ext. des différents ouvrages publiés sur la vie des peintres,* par Papillon de la Ferté, t. II, p. 701.

Il n'est peut-être pas indifférent de constater qu'à cette époque, résidait à Fontenay, à titre d'aumônier du Château, un *prêtre du diocèse de Nantes,* nommé Nicolas Dufresne. Le registre de la « Confrérie du Saint-Sacrement-de-l'Autel, » établi dans l'église Notre-Dame, indique qu'il s'y fit affilier le 11 juin 1648, le même jour que la marquise de la Boulaye, dont il sera question plus loin. Le nom de Nicolas Dufresne apparaît aussi quelquefois sur les registres d'état civil de la même paroisse. Il est cité dans une procuration, du 23 juillet suivant, donnée à un sieur Félix You, pour intervenir, à son lieu et place, dans la vente d'une maison, située près de l'église des Carmes de Nantes, dont il possédait la tierce partie.

(2) *Registres de délibérations,* f° 195, r°

de la première semaine de juin, puisqu'ils devaient
être à Fontenay le 15. Au commencement du règne de
Louis XIV, il fallait plusieurs jours pour franchir un
espace de trente lieues, à travers les Marches communes
et le Bas-Poitou, pays dont les voies de communication
étaient encore telles que les indique Charles Estienne,
dans sa *Guide des chemins de France*.

III

Avant de passer outre, il est un autre problème que
je ne prétends pas résoudre, mais simplement poser :
Dans quel jeu de paume les comédiens de Dufresne
ont-ils joué à Nantes ?

L'inscription commémorative, placée en 1837, par
les soins de M. Verger, sur la façade de la nouvelle
construction qui occupe l'emplacement du jeu de paume
de la rue Saint-Léonard, est assurément très affirma-
tive. Il n'est pas impossible cependant qu'il en soit de
cette inscription comme de celle mise au-dessus de la
porte d'une maison voisine des Halles de Paris, où l'on
disait qu'était né Molière. Des documents sérieux dé-
montrent qu'en la posant là, on a agi quelque peu à la
légère. Voici, en effet, ce qu'on lit sur les registres de
l'Hôtel-de-Ville :

Assemblée du xxii° jour de juing 1618 : « ..... *a esté advisé
et délibéré, attendu que relevant les terres et faisant ung tallud
tout le long du fossé, pour la fortification de la ville, il sera
par mesme moyen faict et dressé un jeu de longue paulme
dans la douve, entre la Tour-Chauvin et l'espron, ensemble
couvert le tout, qui est de maçonnerie, de façon à ce que ledit*

jeu soit rendu plus commode pour la récréation et honneste exercice des habitants, comme aux autres bonnes villes, et s'en fera la despense sur les deniers communs et patrimoniaux de ladite ville. »

L'adjudication de la charpente eut lieu le 23 septembre suivant.

Or, comme le fait fort judicieusement observer, dans l'une de ses lettres, M. de la Nicollière, « ce jeu de paume était en la circonscription de la paroisse Saint-Léonard, puisqu'il se trouvait tout près du Port-Communeau actuel. »

L'abbé Travers en parle en ces termes, à la page 222 du tome III de son *Histoire civile, politique et religieuse de la ville et du comté de Nantes :* « Le Bureau arrêta, le 22 juin (1618), qu'il serait fait et dressé un jeu de longue paume, dans les douves de la ville, où il y en avait eu un autrefois, c'est-à-dire entre la grosse tour du Papegault et l'Éperon, vis-à-vis le couvent des Cordeliers. » Il en est encore question à la page 375 du même volume : « Le jeu de longue paume, dans la douve, près de la tour de la Chambre ou du Papegault, appelée d'abord la Bombarde ou la Haute-Tour, existait encore le 23 mai 1663. Le peu de cas qu'on en fit les années suivantes le mit bientôt en ruines. »

Ces textes prouvent que l'édifice qu'ils concernent a existé de 1618 à 1663, et qu'il appartenait à la ville. Un autre jeu de paume, dit du *Chapeau-Rouge,* avait été abattu en 1644, quatre ans avant l'arrivée de Dufresne.

Selon M. Chapplain, la salle où joua Molière était placée non loin de la contrescarpe de Saint-Nicolas, opinion qui ne saurait être sérieusement soutenue (1).

____

(1) *Scène historique. Première représentation théâtrale à*

Je laisse aux Nantais la satisfaction de décider en
dernier ressort, et me contente de signaler quelques-
unes des pièces du procès. La vue du jeu de paume
de la rue Saint-Léonard, gravée par Hawke, qui orne
l'*Histoire de Nantes* de M. Guépin (1), eût pu fournir
une indication précise, en l'un ou l'autre sens; mais on
ne saurait y attacher grande importance, non plus qu'à
toutes celles dues à cet artiste, uniquement préoccupé
de l'effet pittoresque. Sa gravure ne permet pas de reconnaître si le bâtiment représenté datait au moins de
la première moitié du xviie siècle, condition indispen-
sable pour avoir abrité Molière.

IV

Quoi qu'il en soit de la situation réelle du jeu de
paume, qui a servi, en cette occasion, de salle de spec-
tacle, le séjour de Molière à Nantes, du 23 avril au 18
mai 1648, et peut-être un peu au-delà, est désormais
un fait acquis. Les preuves de celui qu'il a dû faire à
Fontenay, du 15 juin au 6 juillet suivants, sont moins
précises, puisqu'on n'a, comme pièce probante, que la
requête de Pierre Robert, dont les termes ne sont mal-
heureusement pas aussi explicites qu'on le désirerait.
La décision du lieutenant particulier, datée du 9 juin,
inscrite au bas de cette pièce, et qui rend exécutoire le
marché, passé entre Charles Dufresne et le sieur Benes-

Nantes, ou *Une page de la vie d'un Grand homme.* Plus tard,
M. Chapplain opina pour la salle de la rue Saint-Léonard.
(1) Planche 69.

teau le 19 avril précédent, semble, il est vrai, établir
que le premier d'entre eux a été mis en possession du
jeu de paume, et que sa troupe a pu le suivre dans notre
ville.

Ce qui engageait surtout Dufresne à exiger la stricte
exécution de son marché, c'est que la foire de la Saint-
Jean, la plus considérable, dans cette saison, des pro-
vinces de l'Ouest, et qui durait alors dix jours, c'est-à-
dire du 19 au 29 juin, allait prochainement s'ouvrir, et
qu'il voulait *achalander* son théâtre, avant la venue de
la foule des marchands et acheteurs forains. Ainsi font
encore présentement les comédiens, balladins et saltim-
banques coureurs, qui se donnent rendez-vous à Fontenay, à la même époque, bien que le nombre des visiteurs étrangers ait considérablement diminué, et que
la foire ne dure plus que trois jours.

Mais, malgré l'appui du lieutenant particulier, Dufresne eut-il gain de cause? Au moment où ces questions
d'intérêt privé se discutaient entre le directeur d'une
association de comédiens ambulants et un maître pau-
mier, le Poitou commençait à être sourdement agité par
les intrigues du parti de la Fronde, que la noblesse
provinciale presque tout entière avait embrassé. Depuis
une quinzaine seulement, était venue participer à ces
intrigues Louise de La Mark, fille du duc de Bouillon,
et femme de Maximilien Eschallard, marquis de la Boulaye, gouverneur de Fontenay (1). Installée au château,

(1) *Histoire généalogique de la Maison de France et des
grands-officiers de la couronne*, t. VII, p. 170; — *Dict. des
familles de l'Ancien Poitou*, par Beauchet-Filleau, art. *Eschallard*. — *Historiette XVII* de Tallemant des Réaux.

Il est question du marquis de la Boulaye dans un certain
nombre de Mazarinades. — V. *Bibliographie des Mazarinades,*

aux pieds duquel était le jeu de paume (1), elle n'avait pas tardé à réunir autour d'elle tous les gens turbulents du pays. Peut-être même le sieur de la Roche-Thévenin (2) n'avait-il été que son prête-nom, en louant un édifice propre à contenir les assemblées de gentilshommes, qui eurent lieu immédiatement après son arrivée. Si les choses se sont passées ainsi ; si Mme de la Boulaye a évincé Molière et ses associés de leur salle de théâtre, il n'est pas sans intérêt de rappeler que ce fut aussi le fils de la Gouvernante de Fontenay, Henri-Robert Eschallard-La Marck, connu sous le nom de comte de Braisne, qui prit, le 26 juillet 1673, après la mort de ce grand homme, la suite du bail de la maison qu'il habitait rue Saint-Honoré (3).

Si, au contraire, Charles Dufresne a réellement donné des représentations à Fontenny, il a dû continuer ses pérégrinations, soit par la Rochelle, soit par Poitiers,

par C. Moreau. Paris, J. Renouard, 1850, t. Ier, pp. 261, 270, 337, 359 ; t. II, pp. 106, 163, 208 ; t. III, p. 82. — L'une des meilleures, la cinquième par ordre de valeur littéraire, selon Gabriel Naudé (*Mascurat*, p. 283), est la *Lettre joviale à Monsieur le marquis de la Boulaye en vers burlesques.* Paris, S. Martin, 1649, 15 pp. in-4°. Elle a été reproduite dans le *Choix de Mazarinades*, publié par M. C. Moreau, t. Ier, p. 348.

(1) Le jeu de paume était situé au-dessus de la maison de la Vau, sur l'emplacement d'une bicoque, qui porte encore aujourd'hui le nom de *La Paume.* Il avait été reconstruit à neuf pendant l'été de 1646.

(2) Ce devait être Christophe Thévenin, sieur de Sallidieu, demeurant à la Roche, paroisse de la Guyonnière de Montaigu, qui, par Suzanne Chasteau, sa femme, possédait divers domaines dans les environs de Fontenay. — Voir, sur ce personnage, *Etat du Poitou sous Louis XIV*, par Ch. Dugast-Matifeux, p. 129.

(3) *Recherches sur Molière et sur sa famille,* par E. Soulié, p. 292.

et se diriger ensuite sur Limoges et Angoulême. Des recherches analogues à celles opérées à Nantes, devront donc être faites dans ces diverses villes, ainsi qu'à Rennes, Tours et Angers, qui l'ont probablement aussi reçu dans leurs murs. Les nombreuses péripéties de la Fronde ont modifié maintes fois l'itinéraire projeté; aussi faut-il tenir compte des événements locaux, qui se sont accomplis durant cette triste période de quatre années, pour en suivre les méandres.

V

Quoique les troubles de la Fronde aient contraint Molière à ne pas prolonger, au-delà d'un certain temps, son séjour dans les régions septentrionales du royaume, il y fit pourtant moisson d'originaux, qu'il prit soin d'utiliser plus tard. Là, comme ailleurs, il saisit au passage les prototypes de quelques-uns de ces caractères et de ces noms provinciaux, qui apparaissent dans ses pièces, et qui ont si fortement le parfum du terroir où chacun a pris naissance. Si M. de Pourceaugnac nous est venu de Limoges, M. de Sottenville de Lorraine, M. Loyal de Normandie, Georges Dandin de la Dandinière est assurément plutôt du Poitou que de partout ailleurs, à en juger moins par la désinance de l'appellation de son fief improvisé, que par l'innombrable progéniture qu'il y a laissé derrière lui (1). Je ne serais même pas surpris que le petit couvent où Arnolphe fit élever Agnès

(1) Georges Brossin, dit le Chevalier de Méré, l'un des raffinés du temps, était du Poitou. D'où vient que Dandin porte le même prénom que lui?

« . . . . *Selon sa politique,*
» *C'est-à-dire ordonnant quels soins on emploieroit,*
» *Pour la rendre idiotte autant qu'il se pourroit* (1). »

se trouvât dans le pays situé entre l'Océan et la Vienne,
qui, plus que tout autre, a pieusement gardé le mono-
pole de cette sorte de maisons.

Quant à la comtesse d'Escarbagnas, elle est si bien
de l'Angoumois, que je la soupçonne fort de ne faire
qu'un avec Sarah de Pérusse, fille du comte d'Escars,
et femme d'un sieur Jousbert Tison, qui s'intitulait, on
ne sait trop pourquoi, comte de Baignac (2). De l'as-
semblage des noms de seigneuries des deux époux :
Escars et Baignac, Molière aura fait Escarbagnas, en
donnant au second la forme usitée sur les confins du
Périgord, où l'on dit Raymondias, pour Raymondiac.

Ainsi en a-t-il été pour les adorateurs plébéiens de la
fière comtesse (aïeule de la *marquise de Pretintaille
de Béranger*), qui de Herpin et Thibaudière, noms
portés par tant de gens depuis les bords de la Charente
jusqu'à ceux de la Loire, sont devenus, sous la plume
du grand comique, Harpin et Thibaudier. Seul, M. Bo-
binet, le pédant de village chargé du soin d'enseigner
les belles-lettres à l'aîné des Escarbagnas, a conservé
le droit glorieux de signer comme ses pères, et sa des-
cendance existe toujours en Angoumois et Poitou.

(1) L'*École des femmes*, acte Ier, scène Iʳᵉ.
(2) Parmi les témoins du mariage de Guillaume Boiceau de
la Borderie et de Madeleine des Essarts, passé à Chabanais le
30 mars 1639, figure Jousbert Tison, comte de Baignac, seigneur d'Argence, qui doit être le mari de Sarah de Pérusse
d'Escars. (*Archives de la Préfecture de la Vendée.*)

VI

Avant de clore cette série de notes sur le séjour de Molière dans l'Ouest, il me reste à mentionner un fait que je n'ai pas encore su apurer complètement, mais qui mérite de l'être. Par Marie Cressé, sa mère, à laquelle il garda un pieux souvenir, il était proche parent des Nivelle, famille d'imprimeurs renommés, dont un membre, Sébastien Nivelle, qui s'est distingué, sous Charles IX, par le nombre des ouvrages sortis de ses presses et par la fière tournure des marques typographiques apposées sur leurs titres (1), avait épousé, en premières noces, Anne Cressé (2). De ce mariage naquit, entre autres enfants, un fils, qui se fit pourvoir d'une charge de conseiller au présidial de Troyes, et qui fut père de Pierre Nivelle, d'abord supérieur général de Citeaux, puis évêque de Luçon. Après la mort de ce prélat, arrivée le 11 février 1660, de longs débats eurent lieu entre son Chapitre et ses héritiers. Parmi les pièces de procédures échangées à cette occasion, il s'en trouve quelques-unes où intervient, à titre d'allié de la famille du défunt, un certain Louis Cressé ou De Cressé, *dit le Jeune,* bourgeois de Paris, le même

(1) *Marques typographiques,* par L.-C. Silvestre. Paris, Adolphe Labitte, 1868, 2 vol. in-8°, n° 201 et 639. — V. aussi les marques de Nicolas Nivelle, n° 483, 1,193, 1,194.

(2) Note généalogique sur les Nivelle, dressée en 1660 par Nicolas Buon, official et chanoine de Luçon. (*Archives de la préfecture de la Vendée, Papiers de l'évêché de Luçon.*) — Robert Nivelle, fils de Sébastien, et, comme lui, imprimeur à Paris, avait aussi épousé une Cressé, du nom de Jacqueline. (*Histoire de l'imprimerie et de la librairie,* par Lacaille, Paris, 1669, in-4°, p. 182.)

assurément que le frère de la femme de Jean Poquelin (1), ce qui ferait de Molière le cousin d'un haut
dignitaire de l'Eglise. Il est vrai que Pierre Nivelle n'é-
tait pas un évêque ordinaire ; car il aimait les beaux et
bons livres (2) et avait le goût des arts, héréditaire parmi
les siens. L'inventaire, après décès, de son mobilier,
dont j'ai recueilli une copie authentique, est curieux à
ce point de vue. Il apprend qu'en son évêché, il avait
une vaste pièce lui servant de bibliothèque et d'atelier.
La cathédrale de Luçon possède encore une chaire
portative couverte de peintures, qu'on lui attribue, sans
preuves certaines. On y voit les mêmes armes que celles
gravées sur les marques de ses ancêtres, les imprimeurs
parisiens (3).

J'ajouterai à ces indices de parenté entre Molière
et l'évêque de Luçon que Jean Poquelin, son père, a
eu longtemps pour notaire un membre de la famille
Buon (4), alliée à celle de Pierre Nivelle, qui avait

(1) V. sur Louis Cressé, ou de Cressé, dit *le Jeune, Recherches sur Molière et sur sa famille*, par E. Soulié, pp. 195, 197.

(2) Parmi les livres qu'on trouva dans sa chambre à coucher,
après sa mort, on remarquait, à côté d'un certain nombre de
volumes de théologie et de piété, les Œuvres de Virgile, celles
de Plutarque, les *Essais* de Montaigne, Vitruve, la *Vie des
Peintres* de Vasari, en italien, le recueil de portraits de Van
Dyck, les *Peintures de Rome* (sic), les Vies des Saints en images.

(3) J'ai réuni un curieux dossier sur Pierre Nivelle, qui
contient les éléments d'une biographie de cet évêque-artiste,
dont le portrait se trouve dans le recueil de Moncornet. On a
plusieurs mauvaises copies d'un autre portrait de lui, avec
l'habit blanc de l'ordre de Citeaux, peint vraisemblablement
par Claude Lefèvre, qu'il eut, pendant quelques années, à son
service. Une de ces copies existe à l'hôpital de la ville de Troyes,
dont il a été l'un des bienfaiteurs.

(4) *Recherches sur Molière et sur sa famille*, par E. Sou-

près de lui deux chanoines de ce nom, ses neveux (1).

Les Buon ont également fourni plusieurs imprimeurs à Paris.

VII

En résumé, il résulte des divers documents qui viennent d'être produits :

1° Que Molière faisait, en 1648, partie de la troupe de comédiens, dont Charles Dufresne était le directeur ;

2° Que Pierre Réveillon était encore, à cette époque, l'associé de ce dernier ;

3° Que Marie Hervé, Madeleine Béjard et Molière sont restés inséparables, après la dissolution de la troupe de l'*Illustre Théâtre;*

4° Que René Berthelot, dit *Du Parc,* entra vraisemblablement dans celle de Dufresne, lors de son séjour à Nantes ;

5° Que, de cette ville, la troupe paraît s'être dirigée vers Fontenay.

VIII

Les comédiens de Charles Dufresne ne sont pas d'ailleurs les seuls, du même temps, qui soient venus demander applaudissements et fructueuses recettes au petit public fontenaisien, qui comptait toujours bon

lié, pp. 167, 193,196, 199, 200, 216, 221, 227, 229, 233, 234, 236, 239, 286.

(1) *Histoire du monastère et des évêques de Luçon,* par La Fontenelle, t. II, chap. de Pierre Nivelle.

nombre de lettrés dans ses rangs, et n'était pas encore tombé dans la morne indifférence pour les jouissances intellectuelles, qui devait le caractériser un jour (1). Les anciens registres d'état civil de la paroisse de Notre-Dame apprennent qu'en 1654, la troupe parisienne du *Marais* y passa une portion du quartier des vacances.

« Le vingtneufviesme de septembre, a esté baptisé François, fils légitime, comme m'ont assuré les soubsignés, de Claude Jennequin, natif de Challons en Champagne, et de Magdeleine Desurly (sic), *native de Montargys; le parrain François Serdin; la marraine Catherine Desurly* (sic).

    » François Serdin; Caterine (sic) Desurlis; Jannequin; F. De la Cour; J. Leseu; De Haute-Roche; Aubineau, *vicaire.* »

(Archives de l'Hôtel-de-Ville de Fontenay).

Au nombre des signataires de cet acte, nous retrouvons plusieurs vieilles connaissances. D'abord Catherine Desurlis, actrice de l'*Illustre Théâtre* (2), avant d'entrer dans la troupe du *Marais*, et Claude Jennequin, ou Jannequin, son beau frère, dont un autre enfant, né le 30 mars 1671, et baptisé à Auteuil, eut Molière pour parrain (3). Viennent ensuite François de la

---

(1) On était loin alors, il est vrai, du temps où Fontenay comptait les Tiraqueau, Barnabé Brisson, Nicolas Rapin, François Viéte, parmi ses illustrations locales; mais il se souvenait toujours d'avoir fait éclore en son sein le génie de Rabelais, et il eût encore pu fournir à lui seul, en 1648, un contingent d'amis des lettres, autrement nombreux que celui que présente aujourd'hui la Vendée entière.

(2) *Recherches sur Molière et sur sa famille,* par E. Soulié, pp. 29, 37, 47, 59, 174, 175, 206.

(3) *Id.,* p. 282. — Une autre sœur de Catherine Desurlis, nommée Etiennette, avait épousé Guillaume Marcoureau, s^r de Brécourt, auteur de pièces oubliées, et l'un des excellen...

Court, marié à Lyon, en 1643, avec Madeleine Dufresne, sœur de Charles Dufresne; Jean Leseu, dit
Beauchesne, que mentionne un document publié par
M. Soulié (1), et enfin Noël Breton, s^r de Haute-Roche,
acteur renommé. Dans sa *Comédie sans comédie*,
acte Ier, scène V, jouée en 1655, Quinault fait dire à ce
dernier :

> « *Je suis né, grâce au ciel, d'assez nobles parents* (2);
> *J'ai receu dans la Cour mille honneurs différents;*
> *La France à m'admirer souvent s'est occupée.* »

Comme auteur dramatique, on doit à Haute-Roche
un grand nombre de pièces, dont quelques-unes sont
restées au répertoire. A l'instar de Molière, il y a pris
parfois à partie les vices et les ridicules de ses contemporains. Celle, intitulée : *Les Nobles de province*, ren-
ferme quelques traits bons à conserver; mais la plus
connue est *Crispin médecin*.

IX

Les derniers troubles de la Fronde étaient apaisés
depuis deux ans, et le Bas-Poitou commençait à retrouver le calme, propice aux travaux de la paix, lors
qu'arrivèrent ces visiteurs. Peut-être avaient-ils suivi
le duc de Roannès, nouveau gouverneur de la province,

teurs de la troupe de Molière, qu'il quitta en 1664, pour entrer
dans celle de l'hôtel de Bourgogne.

(1) *Recherches sur Molière et sur sa famille*, pp. 210-211.

(2) Haute-Roche était fils d'un huissier au Parlement, qui
lui fit donner l'éducation d'un gentilhomme. — *Dictionnaire
critique de biographie et d'histoire*, par A. Jal.; *Les Contemporains de Molière*, par V. Fournel, t. II, p. 91.

daus la tournée qu'il fit à cette époque à Fontenay (1),
dont il avait pris le commandement, au lieu et place
du marquis de la Boulaye, depuis la fin de la guerre
civile. Ce duc, le même qui entra à Port-Royal et fut
l'éditeur des *Pensées* de Pascal, son illustre ami (2),
était loin d'être alors l'austère personnage qu'on a
connu plus tard. En 1654, il avait des idées plus mon-
daines; car nous le voyons meubler avec une certaine
somptuosité l'appartement qu'il s'était réservé dans le
château, et l'orner de tableaux, au milieu desquels figu-
raient le portrait de François Ier, celui de Louis XIV
et divers paysages. Sur l'un de ceux-ci étaient inscrits
les deux seuls vers qu'on ait attribué à Pascal (3). De

(1) Le secrétaire du duc de Roannès avait annoncé, dès le
5 septembre, l'arrivée de celui-ci à Fontenay, pour la fin du
même mois, dans une lettre adressée au s[r] Boursault, procureur
chargé de veiller aux intérêts financiers, se rattachant à la
charge de gouverneur de la place. (*Doc. de ma collection.*)

Artus Gouffier, duc de Roannès, était le descendant direct de
cet autre Artus Gouffier, sire de Boisy, qui fut premier ministre
de François Ier. Il habitait ordinairement Paris, et le magni-
fique château d'Oiron, lorsqu'il venait en Poitou. Il avait rem-
placé, dans le commandement de la province, François de la
Rochefoucauld, l'auteur des *Maximes*, fort compromis durant
la Fronde.

(2) Dans l'édition des *Pensées*, donnée par le duc de Roannès, le fond et la forme ont souvent été altérés, « pour les faire
rentrer dans le cartésianisme, système adopté par Port-Royal;
mais que repoussait Pascal, par antagonisme d'amour-propre
avec Descartes. » — (*Etat du Poitou sous Louis XIV*, par Dugast-Matifeux, p. 89 et suiv.)

(3) Etat des meubles garnissant le château de Fontenay le
26 mars 1654. Dans celui dressé à l'occasion de la prise de
possession du duc de la Vieuville, après que le duc de Roannès
se fut démis en sa faveur du titre de gouverneur de la place,
il est question de « *deux tableaux de campagnes,* » qui doivent

belles tapisseries d'Arras, provenant sans doute de son château d'Oiron, couvraient les murailles; un fauteuil doré, élevé sur deux gradins et placé sous un dais, lui servait de siége lorsqu'il donnait ses audiences. Quand on s'entoure d'un si grand luxe, il est à supposer qu'on ne se refuse pas les honnêtes passe-temps du théâtre.

X

Il serait toutefois possible qu'une autre cause eût conduit les acteurs du Marais en Poitou. Parmi eux se trouvait, depuis quinze ans au moins, Pierre-Régnault Petit-Jan, dit *La Roque,* frère puîné de Pierre Petit-Jan, imprimeur, qui était venu de Paris s'établir à Fontenay vers 1605 (1). La Roque y avait suivi, tout enfant, son aîné, et s'était d'abord adonné au même art que lui. Il était son associé, lorsqu'en 1621 (2), son humeur batailleuse, mise en éveil par la prise d'armes de Soubise, lui fit abandonner l'atelier pour s'enrôler dans la compagnie de La Rochefoucauld-Bayers, où il semble être resté jusqu'après la prise de la Rochelle en 1628. Las, sans doute, du métier de

être les mêmes que les paysages de l'inventaire de 1654. — Voir, sur les vers attribués à Pascal, le travail de M. L. Faugère sur ce dernier.

(1) Il est question de lui dans le *Journal de Lestoile,* à la date du 11 mars 1610.

(2) Le bail à ferme d'une maison de la Grande-Rue, passé entre le s^r René Naudin et Pierre Petit-Jan, le 20 juin 1621, établit que Pierre-Régnault, frère de ce dernier, était son associé, et que celui-ci était alors dans la compagnie de M. de Bayers, en garnison à Niort.

soldat après sept années passées dans les camps, il se sentit de la vocation pour le théâtre, tout en conservant dans ses allures quelque chose de son précédent état. On ne sait pas précisément à quelle époque il entra dans la troupe du Marais; mais il en faisait partie en 1644, année du mariage de son camarade André Baron, père du célèbre acteur Michel Baron. Si l'on tient pour exact l'âge de 46 ans que lui donne l'acte, inscrit à cette occasion sur le registre de la paroisse Saint-Sulpice de Paris, il serait né en 1595, et aurait eu 33 ans lorsqu'il entra au théâtre en 1628.

Le 26 mars 1642, il était à Fontenay (1), et ce ne fut probablement pas le dernier séjour qu'il y ait fait. Bien que son frère l'imprimeur soit mort le 26 décembre 1646, il y conserva quelques intérêts de famille, définitivement réglés le 8 septembre 1659, par Pierre-Régnault Petit-Jan, fils qu'il avait eu dans sa jeunesse, longtemps avant son mariage avec Marie Bidault (2).

Il serait donc naturel que La Roque eût engagé ses associés à visiter son ancienne résidence.

Au dire de ceux qui l'ont connu, c'était un acteur d'un talent médiocre; mais excellent juge en matière d'œuvres de théâtre. « C'était aussi un brave homme, et, à l'occasion, un homme brave, qui ne craignait pas de mettre l'épée à la main pour défendre les intérêts de

(1) Exploit signifié, le 26 mars 1642, à Mathieu Petit-Jan, lieutenant au régiment de Poitou, débiteur de certaines sommes envers Pierre-Régnault Petit-Jan, son oncle. (*Doc. de ma collection.*)

(2) Pierre-Régnault, le jeune, avait, d'après une enquête à laquelle il assista comme témoin, 45 ans en 1659, et était, par conséquent, né en 1614. Il était comédien comme son père.

la compagnie, à laquelle il appartenait. » Louis XIV
avait de l'estime pour lui, et lui donna quelques preuves
de sa bienveillance, dont il sut faire profiter ses camarades, qui lui avaient remis le soin de toutes leurs af-
faires (1). Il avait 78 ans lorsqu'il passa au théâtre du
Faubourg-Saint-Germain, et quitta la maison, sise rue
de Poitou, où il était probablement né, pour aller en
habiter une autre, à l'extrémité de la rue Guénégaud,
où il mourut le 31 juillet 1676 (2).

De son mariage avec Marie Bidault, il eut deux filles.
Marie, l'une d'elles, épousa, le 14 avril 1658, François
Le Noir, s^r de la Thorillière, capitaine d'une compagnie de gens de pied dans le régiment de Lorraine.
Celui-ci se fit acteur à la suite de son mariage, et,
après avoir fait partie de la troupe administrée par son
beau-père, obtint d'être sociétaire de celle de Molière,
qui tint son troisième enfant sur les fonts baptismaux.
Françoise, seconde fille de La Roque, fut femme de
Jean De la Traverse, médiocre cuisinier, connu plus
tard au théâtre sous le nom de Sévigny.

(1) *Dictionnaire critique de biographie et d'histoire*, par
A. Jal.

(2) L'âge de 63 ans, ou environ, porté sur les registres de
la paroisse de Saint-Sulpice de Paris, dans l'acte de décès de
La Roque, du 1er août 1676, me ferait presque supposer qu'il
s'agissait de son fils, dont les prénoms étaient identiques aux
siens, et non de lui-même; car cet âge coïnciderait avec la date
de naissance de celui-ci (1614). S'il en était ainsi, le premier des
La Roque, frère de l'imprimeur de Fontenay, serait celui qui
assista au mariage d'André Baron, et, le second, celui qui épousa
Marie Bidault, et mourut en 1676; tandis que, jusqu'ici, on a
attribué à un seul individu les faits et gestes de deux, qui ont
été successivement comédiens dans la Troupe du Marais.

XI

Les registres d'état civil de la paroisse de Notre-Dame de Fontenay contiennent un second acte ayant trait à des acteurs du xviie siècle.

« Le quatre octobre mil six cent soixante-six, est décédée, de mort soudaine, la femme d'un comédien qui nous a dit se nommer Nicolas Le Roy, s^r de la Mare, et que ladite défunte, qui estoit sa femme légitime, s'appeloit Simonne De la Chappe, native de la ville de la Souterraine, en Lymousin, et que lui estoit de la paroisse de St-Sauveur de Paris; sadite femme âgée de cinquante-deux ans. Et sur les assurances que nous avons eu qu'elle estoit catholique, et que mesme elle s'estoit confessée, et avoit receu la sainte communion en ceste esglise, depuis peu de jours, et ne montoit plus sur le théâtre depuis quelques années, nous lui avons donné la sépulture. — (Archives du greffe du tribunal civil.)

Pas de signature; mais de la main de René Moreau, curé de Notre-Dame.

Simonne De la Chappe, morte à Fontenay en 1666, était sœur de Jeanne De la Chappe, femme de Zacharie Jacob, dit Montfleury, comédien de la troupe de l'hôtel de Bourgogne, qui, pour se venger de ce que Molière avait raillé son embonpoint et son mauvais débit, dans l'*Impromptu de Versailles,* présenta à Louis XIV la calomnieuse requête où il l'accusait d'avoir épousé sa propre fille. Son fils Antoine lui répondit, au contraire, par l'*Impromptu de l'hôtel de Condé,* pièce qui contient un renseignement bon à noter, lorsqu'on dressera la nomenclature des portraits authentiques du Grand Comique aux diverses époques de sa vie (1).

(1) Scène III. — Voir la gravure de F. Chauveau, placée en tête de l'édition originale de l'*École des femmes.* En rappro-

Les deux sœurs De la Chappe appartenaient à une famille de comédiens. Le nom de leur père, Michel De la Chappe, nous a été conservé.

L'époque à laquelle on trouve à Fontenay la Troupe du Marais et celle du s^r de la Mare,—fin de septembre, commencement d'octobre, — mérite d'être remarquée. La foire de la Saint-Venant, moins fréquentée des étrangers que celle de la Saint-Jean, mais néanmoins très renommée à trente lieues à la ronde, s'ouvrait le 10 octobre, et promettait nombreux public aux comédiens; car la noblesse du pays s'y donnait rendez-vous.

XII

M. E. Soulié a publié un document qui concerne Nicolas Le Roy. C'est un acte d'association, passé à Paris, le 5 avril 1664, entre lui et divers « *comédiens et comédiennes du Roy, pour représenter la comédie à la campagne, et partout ailleurs où ils se trouve-roient pendant une année, qui finiroit le jour des Cendres 1665.* » L'un des associés, Ange Francœur, s^r de Belleroche, s'engageait en outre à jouer les rôles comiques et à travailler aux décorations desdites pièces, pour les peintures qu'il conviendrait de faire (1).

chant cette gravure du portrait en pied, reproduit dans le volume du *Magasin pittoresque* de 1864, p. 369, et qui est tiré d'un curieux tableau, conservé au foyer des artistes de la Comédie-Française, on voit que ce portrait représente Molière dans le rôle d'Arnolphe, et non dans celui de Sganarelle de l'*École des maris,* comme le prétend l'auteur de l'article qui accompagne la gravure du *Magasin*.

(1) *Recherches sur Molière et sur sa famille,* pp. 61, 211, 212.

La Troupe Nantaise, qui, depuis quelques années, fait de fréquentes visites à Fontenay, possède aussi elle, en son sein, un peintre-décorateur. Celle de Molière, lorsqu'elle courait la province, dût avoir le sien, dont il s'agirait de retrouver le nom (1).

Il se pourrait que lui-même n'eût pas été tout à fait étranger aux procédés matériels de la peinture, ayant plus d'une fois dirigé l'exécution des décors de son théâtre, soit en province, soit à Paris. Un directeur de comédiens errants doit savoir tous les métiers, et les pratiquer au besoin. A la façon dont il traite les questions d'art dans son poème à la *Gloire du dôme du Val-de-Grâce,* — abstraction faite, bien entendu, des éloges exagérés qu'il prodigue à l'œuvre médiocre d'un ami, — on sent l'homme qui, comprenant à la fois la question en théoricien et en praticien,

> « . . *Sçait faire à nos yeux vivre les choses mortes,*
> » *Et, d'un peu de mélange et de bruns et de clairs,*
> » *Rendre esprit la couleur. . . . . »*

Il n'est pas jusqu'à ses préférences marquées pour « la promptitude et les brusques fiertés de la fresque, » qui ne décèlent le décorateur à la recherche des grands effets. Peintre à sa manière, il n'avait nul goût pour les minuties du chevalet, et n'était tenté que par les compositions magistrales, où se meuvent des types éternellement vrais. A l'instar de ceux qui aiment à promener rapidement leurs pinceaux sur de vastes espaces humides, il se rendait également maître de son sujet, avant de le produire au jour. Chez lui la conception

(1) V. *Molière en province,* par M. L. Robert. Niort, Clouzot, 1869, in-8°, p. 23.

était limpide et la main ferme (1). Lorsqu'il parle tour
à tour, avec l'autorité d'un chef d'école, de *l'inven-
tion, du dessin et du coloris,*

> « . . . . . . *Ces trois nobles parties,*
> » *Qui rendent d'un tableau les beautés assorties,* »

il semble que les personnages de ses pièces quittent la
scène, pour aller se fixer, en fort relief, sur les parois
d'un temple consacré aux muses. Vue sous cet aspect,
il est telle de ces créations superbes qui paraît à l'étroit
dans l'enveloppe convenue que les exigences du temps
l'ont forcé de revêtir. Alceste étouffe sous ses rubans
verts.

Identique est l'impression qu'on éprouve à la lecture
du poème sur les fresques du Val-de-Grâce. On en veut
presque à Mignard d'avoir fourni l'occasion à Molière
de manifester ses sentiments artistiques, et amoindri,
de la sorte, par l'insuffisance du motif, le champ où
s'est déployée sa verve. Mais on lui pardonne en considération du portrait qu'il a laissé de lui, et dont Nolin
a donné une reproduction gravée, très prisée des ama-
teurs. Mignard, d'ordinaire poupin et pâteux, a été
pris cette fois, au contact du poète, d'un accès de réa-
lisme intelligent. Il lui a fait saisir sur le vif son air
de tête mélancolique et bon, absent de ses autres
images, et ce mouvement, plein d'une nonchalance ap-
parente, de l'écrivain, qui cherche, avant de fixer sa
pensée sur le papier, la forme la plus propre à lui
donner de la clarté ; trait de physionomie d'autant plus
vrai, qu'en raison de ses procédés de travail habituels,

----

(1)   *Rare et sublime esprit, dont la fertile veine*
        Ignore en écrivant le travail et la peine, »

a dit Boileau, qui ne parle ici que du travail extérieur.

Molière devait écrire le moins possible, presque du premier jet; ce qui n'a pas peu contribué à rendre ses autographes introuvables aujourd'hui. Le portrait gravé de Nolin, — la peinture originale a disparu, — nous montre l'homme tel que nous le révèle sa signature si caractéristique de l'àge mûr.

Tels sont les seuls renseignements, recueillis jusqu'à présent, dans nos contrées, sur Molière et certains autres acteurs, ses contemporains. Que l'exemple que je donne soit suivi dans les villes des départements de la Loire-Inférieure, de Maine-et-Loire, d'Indre-et-Loire, des Deux-Sèvres, de la Vienne, de la Haute-Vienne, de la Charente et de la Charente-Inférieure, et bien des documents relatifs aux origines de notre théâtre, ou propres à reconstituer les biographies de ceux qui l'ont illustré, verront enfin la lumière.

Fontenay-le-Comte, 12 Décembre 1871.

APPENDICE.

Le document qui suit a été publié pour la première
fois, il y a plus de vingt ans, dans mes *Considérations
historiques et artistiques sur les monnaies de France*,
p. 193. Il me paraît opportun de le reproduire ici.
Molière nous est apparu, tout à l'heure, gravissant
l'âpre chemin qui l'a conduit à l'immortalité; nous
allons assister maintenant au convoi misérable que
firent les bigots à la dépouille mortelle de l'auteur de
Tartufe.

Pour Monsieur Boyvin, prestre, docteur en théologie,
à Saint-Joseph.

« Mardi, 21 février 1673, sur les neuf heures du
* soir, l'on a fait le convoy de Jean-Baptiste Pocquelin-
» Molière, tapissier-valet de chambre, illustre comé-
» dien, sans autre pompe, sinon de trois ecclésiastiques;
» quatre prestres ont porté le corps dans une bière de
» bois couverte du poelle des tapissiers; six enfants
» bleus portans six cierges dans six chandeliers d'ar-
» gent; plusieurs laquais portans des flambeaux de
» cire allumez. Le corps, pris rue de Richelieu, devant
» l'hôtel de Crussol, a esté porté au cimetière de Saint-
» Joseph, *et enterré au pied de la croix.* Il y avoit

» grande foule de peuple, et l'on a fait distribution de
» mil à douze cens livres aux pauvres qui s'y sont
» trouvez, à chacun cinq sols. Ledit Molière estoit dé-
» cédé le vendredy au soir, 17 février 1673. M. l'Ar-
» chevesque avoit ordonné qu'il fust ainsi enterré sans
» aucune pompe, et mesme défendu aux curez et reli-
» gieux de faire aucun service pour lui.

» Néantmoins l'on a ordonné quantité de messes pour
» le défunct. »

Cette note, écrite peu de jours après la mort de
Molière, n'est pas signée, mais elle a tous les caractères d'authenticité désirables. Elle a été adressée par
un ecclésiastique à Louis Boivin, qui fut plus tard
membre de l'Académie des inscriptions et belles-lettres.
MM. Taschereau, Soulié et plusieurs autres écrivains
ont fait mention de ce document, qui fait connaître le
lieu exact de la sépulture de Molière, et démontre que
les commissaires, chargés, le 6 juillet 1792, par l'une
des sections de Paris, de procéder à la translation de
ses restes, furent induits en erreur, et firent enlever, à
leur place, ceux d'un inconnu. Les ossements de l'illustre poète gisent donc encore dans la fosse où ils ont
été déposés en 1673, et la mâchoire, qui se voit au
Musée de Cluny, n'a pas plus d'authenticité que la première relique venue : aussi ferait-on sagement de la
renvoyer au charnier. Le respect dû à la mémoire de
Molière ne comporte pas ces manifestations d'un féti-
chisme grossier et banal, qui rappelle involontairement
celui dont on use en d'autres lieux, où l'on professe
pour son nom une haine héréditaire.

Fontenay-le-Comte. — Imprimerie Robuchon.

www.ingramcontent.com/pod-product-compliance
Ingram Content Group UK Ltd.
Pitfield, Milton Keynes, MK11 3LW, UK
UKHW021620130726
13696UKWH00005B/1979